Cati

MEDITACIONES

Shakti Gawain

MEDITACIONES

editorial Sirio, s.a. - málaga

Título original: MEDITATIONS
Traducido del inglés por Irma Viegas de Souto
Ilustración de la portada: Fernando Martín Guevara

© de la versión original
  1991 Shakti Gawain

© de la presente edición
  EDITORIAL SIRIO, S.A.
  Panaderos, 9
  29005 Málaga

ISBN: 84-7808-146-1
Depósito legal: B.11.921-1993

Impreso en España en los talleres gráficos de
Romanyà/Valls S.A. Verdaguer, 1 - 08786 Capellades
(Barcelona)

INTRODUCCION

Este libro, surgió de una forma muy especial. Durante años, se han publicado diversas cintas de Shakti Gawain conteniendo una variedad de sus distintas meditaciones. Algunas personas pidieron transcripciones de las cintas; por diversas razones, preferían el material escrito al hablado. El primer grupo estaba formado por personas mayores que se reunían con regularidad; cada vez que lo hacían, uno de ellos se dirigía al resto, leyendo una de las meditaciones de sus libros de Shakti. Habían estado trabajando en cada una de ellas, y ahora deseaban las transcripciones de sus cintas grabadas para poder continuar la lectura mutua de las meditaciones.

Esto fue algo que nos conmovió, así pues, preparamos esas transcripciones. Cuando las leímos, nos dimos cuenta de que todas ellas tenían la misma clara sencillez y emotividad de todos los libros de Shakti. Dieron un resultado tan extraordinario al publicarlas que, de hecho, decidimos presentarlas en forma de colección.

El material contenido en este libro es una reproducción de las cuatro cintas de meditaciones de Shakti: Contactar Con Su Guía Interno, El Hombre y La Mujer De Su Interior, Descubrir Al Niño Que Llevamos Dentro, y Expresar Su Creatividad. Las transcripciones de las cintas incluyen una introducción que Shakti realiza de cada uno de los temas, seguidos de una meditación.

Hay varias formas de utilizar este libro para su mayor efectividad:

1.— Siéntese con un amigo, o varios, y elijan a una persona que sea quien lea y guíe a los demás, a través de las meditaciones, como hicieron nuestros amigos. (Es necesario hacer pausas cada vez que encuentren en el texto puntos suspensivos...)

2.— Lea a solas toda la meditación, y luego realice su propia versión de la misma.

3.— Lea un trozo de la meditación, relájese y realícela, a continuación, siga leyendo un poco más, relájese y realícela, y así sucesivamente.

4.—Grabe las meditaciones en cintas de casete y vaya realizando cada una de ellas.

Sea cual sea la forma que elija para realizar las meditaciones, estamos seguros que se encontrará con un amplio material, que le proporcionará elevación, inspiración y fuerza.
¡Disfrútelo!

Marc Allen

CONTACTE CON SU GUIA INTERNO

CONTACTE CON SU GUIA INTERNO

En la época actual, en la sociedad occidental en la que vivimos, la mayoría llevamos una vida enormemente agitada. Tenemos muchísimas responsabilidades: nuestro trabajo, nuestra familia nuestras relaciones sociales, comunitarias, políticas, nuestros amigos, etc... Incluso nuestras actividades de ocio requieren de nosotros toda nuestra atención y energía. Estamos muy involucrados en todo aquello que sucede exteriormente. La mayor parte de nosotros necesita equilibrar ese enfoque hacia el exterior. Necesitamos ponernos en contacto, con nuestro espíritu, con nuestra fuente de creatividad interna.

Creo que cada uno de nosotros posee en su interior un profundo sentido de la verdad, esa fuerza interna que nos puede guiar a través de la vida. Pero cuando utilizamos la mayor parte de nuestro tiempo enfocándonos hacia fuera de nosotros mismos, involucrados de forma tan intensa en el mundo exterior, perdemos el contacto con ese espíritu, con esa fuente de creatividad interna.

Por otra parte, no hemos sido educados en la creencia de que existe un conocimiento interno intuitivo. Se nos ha enseñado a seguir reglas externas, las ideas de otras personas sobre lo que es correcto o erróneo para nosotros, o lo que se supone que deberíamos hacer. Como resultado de ello, hemos perdido contacto con la esencia de nuestro ser.

Es necesario que dediquemos parte de nuestro tiempo a cultivar ese contacto con nuestro guía interno.

Debemos reeducarnos para prestarle más atención a esa parte de nosotros que "sabe" realmente. Sería de gran ayuda si podemos empezar dedicándole regularmente un poco de tiempo, aunque sean unos minutos cada día, o incluso una vez a la semana. Necesitamos este tiempo para aprender a relajar nuestros cuerpos y mentes, para trasladarnos a una conciencia más profunda que existe en nuestro interior.

Para ello se requiere práctica, paciencia y apoyo externo. Sin embargo, al ser algo muy natural para nosotros, si seguimos cultivando este hábito, nos daremos cuenta de que cada vez es más y más fácil ir hacia dentro. Después de un tiempo, empezaremos a notar que anhelamos ese contacto interno y que cuando pasamos demasiado tiempo enfocándonos fuera, una parte de nosotros nos empujará hacia dentro y nos pedirá que nos pongamos en contacto con nuestro ser profundo.

MEDITACION:
Descubra su santuario interno

Esta meditación de visualización le ayudará a empezar a establecer la práctica de trasladar su atención hacia dentro, encontrando un lugar de relajación y paz, y a ponerse en contacto con su sabiduría interna. Antes de empezar, quisiera recordarle que cada vez que haga una meditación de visualización, hágala de la forma más fácil y natural para usted. No se preocupe si no ve una imagen visual cuando medite. Algunas personas tienen una cierta predisposición visual, otros la tienen auditiva y otros sensitiva. Así que si lo que surge en su meditación es una sensación, o incluso si sólo está pensando en ello, siga eso que venga a usted sencilla y naturalmente. Acéptelo, relájese y disfrute con ello. Al mismo tiempo, si le hago cualquier tipo de sugerencia, confíe en su propia experiencia personal. Concéntrese siempre en aquello que le haga sentirse bien.

Para empezar la meditación, póngase cómodo,. ya sea sentado o tumbado. Si se sienta es preferible que lo haga con la espalda recta y bien apoyada en una silla cómoda, con los pies sobre el suelo y las manos en una posición relajada. Si prefiere estar tumbado, hágalo sobre la espalda en una posición relajada.

Cuando esté cómodo, cierre los ojos e intente tomar conciencia de su cuerpo; simplemente perciba cómo se siente su cuerpo en ese preciso instante... Si nota que existen tensiones en algunas zonas, aspire suavemente e imagínese que se relajan esos músculos y que toda la tensión innecesaria se va aflojando y disolviendo.

En primer lugar, concéntrese en los pies, imagine que se van relajando...

Luego fije su atención en los tobillos y pantorrillas y, poco a poco, relájelos...

Ahora desplace su atención a los muslos y caderas. Relaje la parte superior de las piernas y de la zona pélvica...

Inspire lentamente concentrándose en la parte inferior de su cuerpo y sienta cómo se va relajando cada vez más...

A continuación, desplace su atención al abdomen, al estómago y a la zona de sus órganos internos, e imagine que todos ellos se van relajando, que están manteniendo su actividad normal de forma natural, cómoda, saludable y relajada...

Relaje su plexo solar y los hombros, los brazos, las manos y los dedos...

Fije ahora su atención en el cuello y la garganta e imagine que esta parte de su cuerpo se va relajando por completo. Si hay alguna tensión en esa parte, *piense que va fluyendo toda ella a través de sus brazos, hacia abajo, por los dedos, hasta llegar al suelo y al interior de la tierra...*

Y ahora relaje la cabeza, la zona del cuero cabelludo... el rostro... los oídos, los párpados. Relaje la mandíbula...

Permita que su conciencia explore todo su cuerpo, desde la cabeza hasta los dedos de los pies, desde los dedos de los pies hasta la cabeza, y sienta todo su cuerpo profundamente relajado... Imagine que puede sentir la energía de la vida fluyendo suave y libremente por todo su cuerpo. Si alguna zona está especialmente tensa, lentamente deje que se disipe y sienta cómo va fluyendo por ella la energía...

Aspire profundamente y, a medida que expulsa el aire, libere todas las ataduras que queden en su cuerpo. Sienta todo su cuerpo relajado...

Aspire profundamente de nuevo y, cuando exhale, relaje su mente. Imagine que su mente es tan solo otro músculo de su cuerpo que también puede relajar. No se aferre a ninguno de sus pensamientos. No se concentre en nada en concreto, deje que su mente se tranquilice cada vez más, y aminore su velocidad, aunque los pensamientos parezcan vagar sin un foco concreto...

Vuelva a respirar profundamente y al exhalar centre su atención en un lugar muy profundo de su interior...

Ahora imagínese caminando por un sendero en algún hermoso espacio natural. Puede incluso visua-

lizar los detalles de dicho entorno o puede quizás sentirlo, percibirlo o imaginar que se encuentra allí. Mientras va caminando por ese sendero, sienta la belleza de la naturaleza a su alrededor... y siéntase a sí mismo en un estado mental cada vez más relajado...

Imagine que llega a un claro del bosque o a algún paraje idílico, especialmente hermoso para usted, y empiece a explorar su entorno, fijándose en cualquier impresión o sentimiento que ese lugar le produzca. Es un lugar muy especial y mágico. Comience a ver qué cosas hay allí. ¿Hay árboles? ¿Plantas? ¿El mar o un río? ¿Está sobre una montaña, en un valle o en un jardín? Deje que su imaginación le diga cómo es ese lugar...

Es un sitio muy apacible y hermoso y es también su lugar privado donde se siente seguro. Este es su santuario interior, que está usted creando para sí mismo, en su interior. Nadie puede entrar ahí, a menos que sea invitado. Este es un lugar absolutamente personal y privado para usted.

Sienta qué temperatura hace. ¿Templado o fresco...? ¿hace sol o está nublado? ¿o quizás una combinación de ambos? ¿Cómo es el aire, cómo huele? ¿Qué sonidos se pueden oír en su santuario interior? ¿Escucha pájaros o insectos, o la brisa soplando por entre los árboles, o el rugir del océano? ¿o simplemente está todo en silencio? ¿Hay flores o animales cerca de usted? Acepte todo aquello que venga a usted y le haga sentir cómodo y tranquilo...

Imagine que va deambulando por su santuario,

acostumbrándose a su entorno, acomodándose en él, familiarizándose con él... Encuentre un lugar preciso en su santuario, en donde se sienta particularmente cómodo, donde pueda sentarse o tumbarse y haga de ese lugar su hogar... Sienta la belleza que le rodea y reciba los alimentos que la naturaleza le ofrece. Absorba como una esponja, y reciba el amor y la belleza de la Madre Naturaleza...

Y ahora traslade su atención a un lugar dentro de usted mucho más apacible... Siga imaginando que va más y más profundo dentro de su ser hasta que llega a un lugar de descanso y paz en su interior donde todas las preocupaciones del mundo parecen quedarse atrás. Quédese en ese lugar apacible, donde no hay nada que hacer, nada en qué pensar o imaginar, un estado de tranquilidad absoluta de su ser...

En este lugar tranquilo y reposado, se encuentra en contacto con su sabiduría más profunda, su conocimiento innato, esa parte de usted que es enormemente sabia, que conoce todo aquello que usted necesita y que es capaz de proporcionarle un guía en su vida, momento a momento. Incluso aunque usted no lo sienta así o no se lo crea lo suficiente, imagine o pretenda que esa sabiduría está ahí, dentro de usted porque la sienta o no, lo crea o no, está siempre ahí, en su interior...

Si tiene preguntas que desea hacerle a su guía interno, ¡adelante! hágalas... Tranquilamente manténgase abierto a recibir, sentir o percibir lo que la parte sabia de usted mismo quiera decirle en respuesta a sus preguntas. Puede llegar a usted en forma de palabras o quizás imágenes y puede que solo sea un sentimiento. Acepte todo aquello que venga a usted, y deje que entre en su conciencia... Está bien si siente que no está llegando nada; puede que las respuestas lleguen tiempo después, no siempre son inmediatas. Así que acepte cualquier experiencia que se manifieste ahora...

Si tiene más preguntas que desea hacerle a su guía interior, hágalas. Puede pedirle ayuda, apoyo, dirección, amor, claridad, ¡adelante! pida todo aquello que desee o necesite...

Cada vez que pregunte algo, la puerta se abrirá para usted y empezará a recibir todo lo que su corazón verdaderamente desea. Así que simplemente asuma que ahora, todo cuanto pide empieza a llegar a usted. Puede que llegue de forma distinta a como esperaba, pero llegará...

Cuando se sienta preparado, vuelva a centrar su atención en su santuario y sepa que éste es un hermoso lugar al que puede acudir cada vez que lo desee. Siempre está en su interior. Lo único que ha de hacer es relajarse, cerrar los ojos, respirar profundamente varias veces, y desear estar ahí. Puede ir en cualquier momento. Será un lugar al que acudirá para relajarse y ponerse en contacto con esa profunda sabiduría interna...

Por ahora, despídase de su santuario y empiece de nuevo a caminar sendero arriba... A medida que va caminando por él, tome conciencia de su cuerpo, de la *habitación en la que se halla. Sienta la habitación a su alrededor... Cuando se sienta preparado, muy suavemente abra los ojos y vuelva en sí de forma relajada, sintiéndose lleno de energía y profundamente conectado consigo mismo.*

MEDITACION:
Contacte con el ser sabio de su interior

Hay muchas formas de aprender a utilizar la sabiduría que hay dentro de nosotros. La anterior meditación es una de las maneras más sencillas y fáciles de ir hacia nuestro interior y encontrar esa sabiduría, ese conocimiento interno.

Otra manera de aprovechar su sabiduría interna es poniéndose en contacto con una imagen de un ser enormemente sabio que le asesora, le guía espiritualmente, le ayuda, le aconseja, su ángel de la guarda, de la forma que usted decida que él sea. Para algunas personas es más fácil hacerlo de esta forma. Para muchos, es maravilloso tener la opción de usar ambas meditaciones, en días alternos.

Esta es una meditación para ponerse en contacto con el ser sabio que forma parte de usted. Para hacerlo, vuelva a su santuario interno. Y una vez más, recuerde, sea cual sea la forma que elija para experimentar, ésa es su propia forma de hacerlo, ya sea visualizando, sintiendo, percibiendo, o sencillamente pensando en ello. Acepte todo aquello que venga a usted de forma natural y confíe en su propia experiencia, siempre que con ella se sienta a gusto.

Procure encontrar un lugar confortable para sentarse o tumbarse.

Asegúrese de que la espina dorsal permanece recta. Colóquese en una posición en la que su cuerpo pueda relajarse profundamente...

Aspire profundamente. Mientras va exhalando aire, empiece a relajar su cuerpo. Cierre los ojos... Vuelva a respirar profundamente, y al expulsar el aire, relaje su cuerpo un poquito más... Otra nueva aspiración. Cuando suelte el aire, imagínese relajando tanto como pueda, su cuerpo... Si quedan zonas de su cuerpo que permanecen agarrotadas, partes donde la energía se esté acumulando innecesariamente, ponga su atención en esos puntos, respirando profundamente y, al exhalar, imagine que la tensión o el exceso de energía se va liberando y disolviendo, con lo que su cuerpo se siente más y más relajado...

Sienta la fuerza de la vida, la energía vital fluyendo libre y fácilmente por todo su cuerpo, nutriendo cada una de sus células, dejando atrás al ser viejo que usted ya no necesita y reemplazándolo por una nueva energía llena de vitalidad y frescura...

Ahora vuelva a inspirar profundamente, y cuando suelte el aire, relaje su mente... Deje ir todos sus problemas, preocupaciones o responsabilidades que tenga en su mente en ese momento, tan solo durante un rato. Siempre podrá volver a ellos cuando lo crea oportuno; pero durante los siguientes minutos, déjelos marchar... Deje que su mente se tranquilice más y más... Los pensamientos, inevitablemente, aparece-

rán una y otra vez, no los retenga, déjelos pasar. No se enfoque en ninguno en particular. Deje ir cada uno de sus pensamientos a medida que vayan viniendo a usted...

Imagine que su mente se está apaciguando y tranquilizando cada vez más, como si fuera un lago en calma o un estanque, tan sosegado que ni siquiera hay ondas en su superficie...

Vuelva a respirar hondo, y cuando exhale el aire, traslade su concentración a un lugar mucho más profundo en su interior... Luego imagine que está bajando por ese precioso sendero en medio de la naturaleza, sintiendo toda su belleza y paz... Mientras camina, gradualmente se va sintiendo cada vez más relajado y abierto... Y entrando, una vez más, en su santuario interior, que puede ser una pradera, la cima de una montaña, un paraje entre los bosques, una cueva, o una playa, cualquiera que sea el lugar en el que desee estar...

Puede situarse en el mismo lugar que anteriormente eligió, o puede ser otro distinto. Usted decide cómo quiere que sea. Tan solo se requiere que sea un lugar en el que usted se sienta lleno de paz, rodeado de belleza, y completamente a salvo y seguro. Ya sabe que es su lugar privado. Es suyo. Nadie más puede entrar, a menos que sea invitado.

Tómese unos minutos tan solo para ser usted mismo, para sentir, ver y ser consciente de su santuario y de cómo se siente dentro de él... Camine por sus alrededores, sienta el aire, preste atención a la presen-

cia de otros seres vivos, las plantas o animales, los pájaros...

A continuación, encuentre en su santuario ese lugar especial en donde se sienta con total comodidad y en casa. Puede sentarse si lo desea...

Ahora mire hacia la entrada de su santuario, e imagine que empieza a ver, sentir o experimentar la presencia de un ser extraordinariamente sabio que está a punto de entrar. Este ser de sabiduría podría ser un hombre o una mujer, un niño o un animal. O quizás podría ser un color o una presencia etérea...

Empiece a sentir, reproducir o percibir a este ser sabio a medida que dé su primer paso a través de la entrada de su santuario y comienza a trasladarse hacia usted... Vea o sienta si es mayor o joven, si es alto o bajo... Cómo se mueve, cómo él o ella va vestido, si se trata de una persona... Y lo más importante, sienta la energía que produce este ser sabio mientras que se le va acercando...

Cuando le tenga a una distancia cercana, salúdele de la forma que mejor le parezca... Confíe en sus propios sentimientos. Dele la oportunidad de poder saludarle a su vez, y de poder establecer contacto con usted. Para poder comunicarse con él usted puede hacerlo por medio de palabras o energéticamente, telepáticamente, mediante el tacto, o de cualquier otra forma que su intuición le indique. Debe saber que este ser sabio está ahí para servirle, para ayudarle de cualquier forma que usted necesite...

Quizás él tenga algún mensaje que comunicarle,

así que, pregúntele ahora si tiene algo que decirle, en palabras o de cualquier otra forma; quizás tenga algo que recordarle o quizás sea algo que usted necesita saber. Y luego, esté abierto a escuchar, sentir o asimilar cuál pueda ser el mensaje... Si hay algo que usted especialmente necesita o desea, pídalo, ya sean algunas palabras inspiradoras o apoyo moral, sea lo que sea, ¡adelante! pídalo... Permítase a sí mismo recibir la respuesta que este ser sabio le quiere dar...

Ahora continúe estando a su lado en la forma que le haga sentir mejor... Tal vez desea estar junto a él en silencio, o quizás quiera hablar... Esté abierto a recibir y a disfrutar por completo de esta experiencia. Y cuando se sienta preparado, concluya su contacto, por ahora, de la forma que mejor le parezca...

Si desea permanecer con el ser sabio en su santuario, puede hacerlo. Si le parece bien que el ser sabio abandone el santuario, si siente que la experiencia ha concluido por el momento, entonces dígale adiós e imagine que el ser se va alejando por el sendero hasta llegar a la salida del santuario...

Pero debe saber que cada vez que lo desee, puede acudir a su santuario, y pedir a su ser sabio que le acompañe; también puede hacerle cualquier pregunta que desee o bien pedirle que le proporcione apoyo, guía, amor, o cualquier otro tipo de contacto que usted necesite...

Una vez más explore su santuario, sus alrededores... Recuerde que está ahí para usted cada vez que desee visitarlo, solo con cerrar sus ojos, aspirando profundamente varias veces, y deseando con todas sus fuerzas estar dentro de su ser...

Si desea dormir después de realizar esta meditación, hágalo y déjese llevar por un sueño reparador...

Por el contrario, si lo que le apetece es salir del estado de meditación, decirle adiós a su santuario por ahora, y empezar a caminar sendero arriba, hágalo sintiéndose lleno de vitalidad, energético y mucho más equilibrado...

Concentre su atención ahora en su cuerpo y cómo se siente en estos momentos, preste atención a la habitación en la que se encuentra, observe todo lo que le rodea... Cuando se sienta preparado, gradualmente vaya abriendo los ojos y acostumbrándose al mundo exterior...

Si desea permanecer un rato más en esta experiencia, relájese incluso más profundamente y permanezca en este estado tanto tiempo como le apetezca...

EL HOMBRE Y LA MUJER QUE LLEVAMOS DENTRO

EL HOMBRE Y LA MUJER QUE LLEVAMOS DENTRO

Cada uno de nosotros, ya sea hombre o mujer, tiene en su interior aspectos masculinos y femeninos, energías masculinas y femeninas. Creo que uno de los retos más importantes en nuestra vida es aceptar y desarrollar estos aspectos y equilibrar sus distintas energías en nuestro interior.

La idea de la energía masculina o femenina ha permanecido con nosotros desde tiempo inmemorial. Las filosofías orientales hablan de los aspectos "yin" y "yang" del universo. No sólo los seres humanos poseemos el "yin" y el "yang" en nuestro interior; todas las cosas del universo están creadas a partir de esos dos polos de energía: lo activo y lo receptivo, lo positivo y lo negativo, la luz y la oscuridad, lo masculino y lo femenino.

En Occidente, Carl Jung, con su concepto de ánima y ánimus, realizó una apasionante e innovadora labor al explicar que los hombres tienen un lado femenino (ánima) y las mujeres un lado masculino (ánimus). Según Jung, los seres humanos, en su mayoría, han reprimido profundamente estos aspectos, y deben aprender a reconciliarse con ellos.

Las palabras "masculino" y "femenino", debido a la carga emocional que a ellas se asocia y a la multitud de prejuicios culturales sobre su significado, provocan, en muchas personas, una reacción negativa. Invito al lector que se encuentre en ese caso a sustituirlas por los términos "yin" y "yang", "activo" y "receptivo", o por otros de su preferencia.

En mi opinión, el aspecto femenino (la mujer de nuestro interior) es nuestro yo intuitivo, la parte más sabia y profunda de nuestra naturaleza, energía que se encuentra en hombres y mujeres. Es el aspecto "receptivo", la puerta abierta a través de la cual penetra la inteligencia superior del universo, el extremo receptor del canal. Se comunica con nosotros a través de la intuición. El aspecto masculino (nuestro hombre interior), es la acción. Es la capacidad de actuar en el mundo físico, la salida del canal. Gracias a él pensamos, hablamos y nos movemos. La energía masculina es, pues, nuestra facultad de actuar, seamos hombres o mujeres. Lo femenino recibe la energía creativa universal y lo masculino la manifiesta en el mundo mediante la acción; se constituye así el proceso creativo.

El aspecto femenino se ve inspirado por un impulso creativo y nos lo comunica mediante un sentimiento. El aspecto masculino, dejándose guiar por él, emprende la acción requerida para realizarlo. Así lo demuestran numerosos ejemplos.

Un artista despierta, una mañana, con una inspirada idea para su próxima obra pictórica (imagen sugerida por su aspecto femenino) y, de inmediato, se dirige a su estudio, toma paleta y pinceles y comienza a pintar (acción llevada a cabo por su aspecto masculino).

Una madre siente una súbita preocupación por su hijo (advertencia de la Mujer de su interior), corre a la habitación contigua donde se encuentra el niño y lo aleja del horno encendido (acción realizada por su aspecto masculino).

Una persona que se dedica a los negocios siente el impulso de ponerse en contacto con cierto socio (consejo de su aspecto femenino), lo llama por teléfono y ambos proyectan una nueva transacción (acción de lo masculino).

Un ejemplo de cómo funciona ésto en mi vida, es cuando me siento motivada a escribir; el impulso inicial procede del poder superior del universo y llega a mí a través de mi aspecto femenino, mis sentimientos intuitivos por medio de una inspiración que me dice: "Me gustaría escribir algo, tengo cosas que decir". Después eso lo lleva a cabo mi parte masculina, cogiendo un folio y empezando a escribir; la unión del Hombre y la Mujer del interior produce un resultado creativo. La creatividad resulta de combinar la intuición femenina con la acción masculina. Entre el Hombre y la Mujer de nuestro interior se establece el siguiente diálogo: "Experimento este sentimiento", dice ella. "Te escucho —responde él— ¿qué quieres que haga?". "Quiero aquello", contesta ella. "¿Que lo quieres?—responde él presuroso. "Ahora mismo te lo traigo". La unión de las energías masculina y femenina dentro del individuo es la base de toda creación.

Para que nuestra vida sea armoniosa y creativa, las dos energías de nuestro interior deben estar totalmente desarrolladas y coordinadas, de modo que lleven a cabo una adecuada labor conjunta. Si queremos integrar plenamente los dos aspectos de nuestra naturaleza, debemos lograr que el aspecto femenino ocupe la posición orientadora, pues ésa es su función natural.

El aspecto femenino es la intuición, está sintonizada con la inteligencia superior del universo.

Lo masculino, presta atención a sus consejos y se guía por sus sentimientos. La verdadera función de la energía masculina es poner al servicio del universo, que se expresa a través de lo femenino, su franqueza, su absoluta claridad y su apasionada fuerza.

No hay que olvidar que estoy describiendo un proceso interno que tiene lugar en cada uno de nosotros. Muchas personas lo interpretan de modo erróneo, como algo externo, y creen que pretendo insinuar que los hombres se dejen dirigir por las mujeres en todos los aspectos de la vida. Nada más lejos de mi intención. Lo que afirmo es que todos nosotros debemos dejar que la intuición nos guíe y estar dispuestos a seguir su orientación sin vacilaciones ni temores.

Cuando tomamos el concepto de las energías masculina y femenina, y las proyectamos hacia el exterior, el resultado es de total confusión. Muchas de las ideas estereotipadas acerca de lo masculino y lo femenino, en realidad, se deberían aplicar a cómo funcionan en nuestro interior, pero lo que en realidad hemos hecho es intentar que funcionaran externamente, aplicándole un papel a la mujer y otro al hombre. Con todo ello, lo que hemos logrado es limitarnos a nosotros mismos, puesto que las mujeres representan tan sólo la energía femenina y los hombres hacen lo mismo con la energía masculina. Y eso es un error, puesto que necesitamos ambas energías, ya que cada individuo es un ser masculino/femenino completo.

A veces, cuando expongo estas ideas, quienes me escuchan expresan su temor de que todos nos convirtamos en una especie de andrógino, pues suponen que habrá un gran parecido entre hombres y mujeres. Sin embargo, en realidad ocurre todo lo contrario: cuanto más desarrollen las mujeres su aspecto masculino y confíen en él para que las apoye y respalde internamente, más seguras se sentirán para mostrar sin reservas su aspecto femenino: suave, hermoso y receptivo. Del mismo modo lo he observado en los hombres: cuando se entregan y se abren por completo a su energía femenina, vuelven a conectar con el poder interior perdido, que realza y fortalece las cualidades de su Hombre interior; lejos de volverse afeminados, parecen más seguros de su masculinidad.

Desafortunadamente, no hemos aprendido a permitir que nuestras energías masculina y femenina funcionen de modo natural y mantengan entre ellas una relación apropiada.

En nuestra cultura, se ha empleado la energía masculina (nuestra capacidad de pensar y actuar), para reprimir y controlar la intuición femenina, más que para apoyarla y expresarla. A este uso tradicional de la energía masculina lo denomino el "Hombre Viejo" que existe tanto en las mujeres como en los hombres, aunque a menudo es, en ellos, más externo y evidente, y más interno y sutil en las mujeres.

El Hombre Viejo es esa parte de nosotros que quiere conservar el mando a toda costa. La guerra es un buen ejemplo de la energía del Hombre Viejo, carente por completo de sabiduría y orientación de lo femenino.

Le aterroriza la energía femenina, porque no quiere rendirse al poder del universo. Teme que, si se abandona, perderá su identidad individual. También se conoce al Hombre Viejo como "ego" y su función es aferrarse a la individualidad, al estado de separación. De ese modo, niega el poder de lo femenino, fuerza que se mueve hacia la unión y la unidad.

Al relacionarse con el Hombre Viejo, la Mujer de nuestro interior queda indefensa. Como su energía no puede penetrar directamente en el mundo físico sin la ayuda de la acción masculina, su poder se ve reprimido y tiene que manifestarse de modo indirecto, mediante diversos intentos de manipulación, síntomas físicos o actitudes repentinas y desequilibradas: arrebatos emocionales, y en casos extremos, actos de violencia.

El Hombre Viejo, o "ego", tiene miedo del poder de su parte femenina porque ése es el poder del espíritu. Es el poder del universo, y con ello perderá el control de la situación, el control del ego. Y todos tenemos miedo de perder el control, de entregarnos al poder del universo y confiar en ese poder superior que sí sabe lo que hay que hacer.

En cierto sentido, lo que en realidad teme el Hombre Viejo es que el poder de su parte femenina sea mayor que el suyo propio; aunque ésto en cierta forma sea verdad, lo que contrarrestará este miedo será el que a medida que el Hombre de nuestro interior empiece a escuchar la voz de la Mujer que lleva dentro, notará que aumenta su fuerza y poder a la hora de realizar acciones físicas. Se sentirá apoyado por la fuerza y la energía de lo femenino, con lo cuál conseguiremos proporcionar a nuestros cuerpos una flexibilidad, equilibrio y fuerza que nos permitirá cada vez más, ser un canal por el que fluya la energía creativa universal.

Así pues, para conseguir nuestra fuerza y claridad, para construir un canal efectivo, debemos escuchar a nuestros impulsos intuitivos y aceptar el desafío de actuar bajo su consejo, en todos los aspectos de nuestra vida, en las cosas pequeñas y en las decisiones más serias.

En realidad, esas cosas que llamamos pequeñas, son las más importantes, por ejemplo, si deseamos decir algo pero nos reprimimos porque no sabemos cuál va a ser la reacción de nuestro interlocutor, en este caso vemos claro cómo nuestra parte masculina no se atreve a llevar a cabo un impulso que le viene de su parte femenina; si consiguiéramos, aunque sólo fuese una vez o dos, darle la vuelta a esa situación, el resultado sería que nos sentiríamos mucho más seguros y llenos de valor. Ese sentimiento sería posible si el Hombre de nuestro interior escuchara y le prestara atención a lo que le sugiere la Mujer que lleva dentro. Si alguien nos invita a ir a algún sitio y en realidad no tenemos ganas de ir, pero vamos porque pensamos que es nuestra obligación hacerlo, ése es un claro ejemplo del Hombre Viejo llevando a cabo una acción, por razones distintas a las que su intuición femenina le sugiriera. Sin embargo, si sentimos que no deseamos aceptar esa invitación y el Hombre de nuestro interior nos apoya diciendo: " No, no me apetece ir en este momento", la confianza en nosotros mismos se verá enormemente reforzada.

Es evidente que hombres y mujeres han representado estos papeles en el mundo exterior. De acuerdo con el papel masculino tradicional, se enseña a los hombres a negar y reprimir su aspecto femenino, a comportarse como máquinas, a ser poco emotivos, totalmente controlados, dominantes y autoritarios con respecto a las mujeres. Eso es porque se esfuerzan en negar a la propia Mujer de su interior. En el interior de todo hombre tradicional, sexista, hay una voz femenina indefensa e histérica que intenta desesperadamente hacerse oír.

El hombre de esas características tenderá a atraer mujeres de baja autoestima, dependientes y siempre necesitadas de su ayuda, o bien mujeres que expresan su poder de modo indirecto mediante la manipulación, los típicos "ardides femeninos", la provocación sexual, las actitudes de "gatita caprichosa" o la falta de sinceridad.

Según el papel femenino tradicional, la mujer aprende, asimismo, a emplear su energía masculina para negar y reprimir su aspecto femenino, sus emociones e intuición, pero incapaz de expresar su energía de otro modo que no sea indirecto, a través de la manipulación. Se sienten desvalidas y dependientes de los hombres.

Así pues, desde esta perspectiva, se podría decir que toda persona es incompleta, es sólo media persona, y depende de la otra media para existir. Como no podemos vivir en el mundo sin la interacción de todas las cualidades propias de la energía masculina y femenina, la supervivencia de los dos sexos se ha basado en la dependencia mutua. Si lo consideramos de forma superficial, podría parecer un acuerdo viable y conveniente: los hombres ayudan a las mujeres y, a cambio, las mujeres ayudan a los hombres. Sin embargo, hay un obstáculo subyacente de fundamental importancia: si el ser humano no se siente completo como individuo, si es consciente de que su propia supervivencia depende de otra persona, vive desasosegado por el temor constante de perderla.

Sin embargo, todos tenemos la profunda convicción de que la persona que nos atrae es un reflejo de nosotros mismos, por lo tanto es imposible que nos volvamos dependientes de esa persona, porque sabemos que las cualidades que en ella admiramos se encuentran también en nuestro interior; reconocemos que el motivo que nos impulsa a mantener una relación es el deseo de conocer mejor nuestra naturaleza y la voluntad de profundizar nuestra conexión con el universo.

A mi entender, toda relación, desde el matrimonio más tradicional hasta las relaciones abiertas o las que se dan entre bisexuales y homosexuales, representan diversos intentos del ser por encontrar su equilibrio interior entre lo femenino y lo masculino. Creo que encontrando ese equilibrio, nos podremos relacionar con los demás desde una perspectiva de seres completos, que se relacionan para aprender los unos de los otros.

Muchas mujeres poseen una energía masculina muy desarrollada, pero la utilizan para reprimir lo femenino, como el Hombre Viejo. Yo, por ejemplo, era una de esa mujeres; era muy intelectual, muy activa y muy exigente conmigo misma en cuanto a la aceptación de responsabilidades externas. Aunque mi aspecto femenino estaba también muy desarrollado, yo no permitía que ocupara la posición que le corresponde. En realidad, hice caso omiso de él durante mucho tiempo. Protegía mis emociones, mis sentimientos y todo lo que me hacía vulnerable, con un duro caparazón. Después me he visto en la necesidad de utilizar mi poderosa energía masculina para prestar atención a la Mujer de mi interior, confiar en ella y respaldarla. Mi aspecto femenino tiene así la seguridad y el apoyo necesarios para aparecer con toda su fuerza. Ahora me siento más tierna, más receptiva y más vulnerable, aunque, en realidad, soy mucho más fuerte que antes; mi aspecto físico, naturalmente, refleja esa nueva fortaleza, receptividad y ternura.

En la actualidad, las mujeres están aprendiendo a aceptarse y respaldarse, en vez de huir de la responsabilidad y buscar a un hombre que las respalde y acepte.

Sin embargo, como el intentar encontrar apoyo en un hombre es una costumbre profundamente arraigada que ha pervivido siglos enteros, se requiere tiempo para cambiarla, especialmente en las capas más profundas. La clave para lograr el cambio es seguir prestando atención a nuestros sentimientos intuitivos, confiar en ellos y dejar que nos guíen.

La unión de lo femenino y lo masculino dentro de cada ser humano permite que el amor verdadero y la pasión del universo se exprese a través de nosotros. Las relaciones, pues, no se basan en la necesidad, sino en la pasión y en el entusiasmo de compartir con otra persona nuestro objetivo: ser una persona completa. En nuestro interior reside siempre la energía femenina, energía del espíritu. Depende del ego, el aspecto masculino, determinar el modo en que nos relacionamos con esa energía; nuestra actitud puede ser luchar contra ella, bloquearla, tratar de controlarla y mantenernos alejados de su influencia o, por el contrario, abrirnos y entregarnos a su fuerza, apoyándola y siguiendo sin reservas su inspiración.

Tanto en lo individual como en lo colectivo, estamos pasando de una postura de miedo y control a otra de entrega y confianza en lo intuitivo.

La energía femenina recibe cada vez más apoyo en nuestro mundo; cuando se alza dentro de nosotros, la reconocemos y nos rendimos a ella, El Hombre Viejo de nuestro interior se transforma y resurge, nacido de lo femenino, como el Hombre Nuevo, que le ofrecerá su amor y confianza incondicionales. Lo masculino, pues, debe evolucionar para equipararse a lo femenino; sólo así podrán convertirse en los amantes que están llamados a ser desde el principio.

A mi parecer, el Hombre Nuevo no ha nacido verdaderamente en nuestra conciencia hasta los últimos años. Antes, apenas conocíamos la auténtica energía masculina, que durante tanto tiempo ha enmascarado el Hombre Viejo, con su energía totalmente divorciada de lo femenino.

El nacimiento del Hombre Nuevo es sinónimo del nacimiento de una nueva era. Mientras el

Hombre Nuevo (la forma física) surge en toda su gloria del espíritu (la energía femenina), se crea en nuestro interior, y se refleja en cuanto nos rodea, el nuevo mundo.

MEDITACION:
Contacte con el hombre y la mujer de nuestro interior

Vamos a tomarnos un poco de tiempo para contactar con nuestros aspectos masculinos y femeninos.

Póngase cómodo, sentado con la espalda bien apoyada y recta, o bien tumbado sobre su espalda... Cierre los ojos. Aspire profundamente, y cuando exhale, intente relajar cada una de las partes de su cuerpo... Si quedan en su cuerpo zonas que están todavía tensas, concéntrese en ellas. Con cada inspiración relaje el cuerpo más y más... Continúe respirando profunda y lentamente, e imagine que puede sentir la energía fluyendo por todo su cuerpo, de arriba abajo, y de abajo hacia arriba...

Ahora inspire profundamente, y al exhalar, relaje su mente... Deje que cada pensamiento flote lejos de usted y permita que se aminore poco a poco su velocidad... Respire profundamente y ahora, al expulsar el aire, deje que su conciencia penetre en una zona serena de su interior...

Ahora traiga a la mente la imagen de un sendero situado en un paraje idílico, por el que usted va caminando, y a medida que pasea por él se va sintien-

do cada vez más centrado, sereno y sosegado... Llega a un lugar especial, su santuario interior... Entra en él... Se toma unos minutos para sentirlo, observarlo, y experimentar que ése maravilloso lugar es su personal y privado santuario interno... Es un lugar apacible y tranquilo, donde usted recarga sus energías y en donde puede estar en silencio y a solas consigo mismo... Explore todo lo que hay en él: plantas o árboles, en penumbra o a plena luz solar, cálido o húmedo... Luego encuentre su lugar preferido para sentarse allí cómodamente...

Hoy va a traer a su santuario imágenes de sus aspectos masculino y femenino. Traslade su mente hacia la entrada del santuario, y bajando por el sendero, puede ver o sentir una figura femenina... Puede ser una mujer, o una niña, un animal, un color, una forma, o una energía. A medida que ella avanza hacia la entrada del santuario, advierta los detalles de su aspecto, cómo va vestida, su edad...cómo se mueve...

Al acercarse a usted empieza a sentir su campo energético, intuya lo que ella representa para usted, los sentimientos que le produce... Se aproxima a usted y ambos se saludan... Ella tiene un mensaje que comunicarle, pregúntele si tiene algo que decirle en este momento. Manténgase abierto para recibir lo que ella desee comunicarle, por medio de palabras o de otro modo... Pregúntele si necesita algo de usted, ahora mismo, o en su vida en general...

Tiene un regalo para usted, muéstrese receptivo y acéptelo sin reservas...

Pase el tiempo que desee con ella, siéntanse cómodos el uno con el otro... Mientras está con ella, perciba su energía entrando dentro de su propio cuerpo. ¿Qué sensaciones le produce?

Luego libere esa energía de su cuerpo y si cree que la comunicación con ella ha terminado por ahora, pregúntele si desea quedarse cerca de usted... Quizás ella desee sentarse a su lado o quedarse de pie a su izquierda, sea lo que sea, recuerde que depende de ustedes dos, ¿cómo se sienten mejor?...

Una vez más mire hacia la entrada de su santuario y tome conciencia de que bajando por el sendero se encuentra la figura, la imagen, la sensación de una forma masculina... De nuevo, acepte cualquier representación que acuda a su pensamiento. Tal vez sea un hombre, un muchacho, un animal, un color o una forma abstracta. Explore esa imagen. Comience a observar, a medida que se le acerca más y más, los detalles, el color y la textura, su aspecto físico, sus movimientos, su ropa... Sienta qué efectos le produce su energía... Al aproximársele, perciba cómo su energía mueve sus sentimientos más y más...

Cuando ambos estén muy cerca el uno del otro, salúdele. El también tiene un mensaje para usted, muéstrese abierto para aceptarlo, como quiera que venga, ya sea en forma de palabras o de otro modo, incluso telepáticamente o mediante acciones. Pídale que le comunique su mensaje... y permanezca receptivo confiando en lo que él le comunique...

Pregúntele si necesita algo de usted, en este

preciso momento o en general en su vida...

El, también tiene un regalo que hacerle, recíbalo confiado...

Sienta su energía e imagine que puede asimilarla y hacerse uno con ella en el interior de su cuerpo. Sienta esa energía en su interior... Ahora libere esa energía de su cuerpo y si lo desean los dos, den por finalizada su comunicación...

Ahora, pida a las imágenes de ambos (Hombre y Mujer) que vengan a usted al mismo tiempo. Pídales que se saluden de la forma que deseen... Pregúnteles si tienen algo que comunicarse entre sí o que comunicarle a usted...

Imagine que puede sentir ambas energías o cada una de ellas separadamente... Imagine que puede trasladar ambas energías dentro de su cuerpo, por un momento... Sienta el equilibrio, o el contraste... Después, libere sus energías y permita que completen su comunicación el uno con el otro y con usted, hágalo de la forma que mejor le parezca intuitivamente...

Cuando sienta que esta comunicación ha terminado por el momento, pídales que se queden un rato con usted en su santuario, o el tiempo que le parezca adecuado, o bien deje que se vayan caminando por el sendero hasta la puerta del santuario, sabiendo que siempre que lo desee podrá traerlos de vuelta, sólo con desearlo... Les podrá pedir siempre consejo o ayuda, o que le comuniquen todo aquello que usted necesite saber...

Si desea permanecer en su santuario, quédese

todo el tiempo que desee. Si está preparado para salir de él, empiece a subir por el camino del sendero, sintiéndose equilibrado, centrado y lleno de vitalidad... Tome conciencia de su cuerpo y concentre su atención en la habitación que le rodea, cuando se sienta preparado, abra los ojos y vuelva a la habitación.

DESCUBRA EL NIÑO QUE LLEVAMOS DENTRO

DESCUBRA EL NIÑO QUE LLEVAMOS DENTRO.

Muchos pensamos que tenemos una personalidad muy consistente y, sin embargo, a veces nos sorprendemos a nosotros mismos en una especie de inconsistencia de carácter, puesto que un día nos sentimos de un forma, otros días sin saber por qué, hemos cambiado incluso de un segundo al segundo siguiente. En realidad, lo que hemos descubierto es que, dentro de nosotros, coexisten muchas personas distintas y cada una de ellas con un carácter muy particular.

Cada una de estas personalidades tiene sus propias necesidades, deseos, puntos de vista y opiniones. Y lo que es más, a menudo son diametralmente opuestas; mientras que una parte de nosotros cree que el trabajo y el éxito son lo más importante en esta vida, y si esta parte fuera la que dirigiera nuestros destinos todos estaríamos trabajando día y noche, hay otra parcela de nuestra vida que piensa absolutamente todo lo contrario, es decir, que desea relajarse, vivir la vida, pasarlo bien y disfrutar.

Por regla general, nos identificamos más con una u otra parte de nosotros; así pues, si somos unos adictos al trabajo ignoraremos, rechazaremos o suprimiremos al hedonista, al amante complaciente o al que sencillamente le basta con "existir". Muchas veces, sin embargo, se crea un terrible conflicto en nuestro interior, que nos hace saltar de un extremo a otro de nuestra personalidad.

Es muy interesante llegar a conocer todas las personalidades que se dan cita en nuestro interior y, sobre todo, conseguir respetar y valorar a todas ellas, puesto que, en definitiva, somos todos y cada uno de esos aspectos de nosotros mismos. Si dejamos que todas nuestras subpersonalidades se expresen a su manera, podremos alcanzar un equilibrio que será imposible si tan solo nos identificamos con un lado del rompecabezas. Lo sensato sería explorar todo el conjunto y saber elegir en cada momento qué parte de nosotros debería llevar la batuta.

Aprender a conocernos a nosotros mismos es una aventura fascinante; muchas veces me imagino a mí misma como toda una familia, no sólo una persona aislada. Y como en todas las familias hay momentos de conflicto y momentos de mucho amor; en realidad, la idea es permitir que cada miembro de ella juegue su papel, que se exprese a su manera, y sea respetado por lo que representa para los demás miembros, así, conseguiremos que en esta familia de nuestro interior reine la armonía.

Otra interesante metáfora para esta situación en nuestro interior podría ser el considerarnos como un comité asesor, lo que podría explicar la dificultad que a menudo tenemos para terminar alguna labor o para decidirnos con respecto a algo, los otros no están de acuerdo, y al final no se realiza nada. Si podemos llegar a conocer bien a cada uno de los integrantes de nuestro comité interno, y permitirle a cada uno de ellos que se exprese con total claridad, quizás podamos empezar a tomar decisiones como "entes conscientes", en lugar de dejarnos llevar por cualquier miembro que desee tener el control sobre los demás.

También me gusta verme a mí misma como un grupo de teatro, en el cual cada personaje está realizando su papel en el escenario de nuestro interior; cada uno de ellos intentando atraer a personas en nuestras vidas, que sean un reflejo de los distintos caracteres que se dan cita en nuestro interior, en realidad nos atraen personas y atraemos a personas que se asemejan a algunas de las subpersonalidades que conviven en nuestro interior. De esta forma, ponemos en escena, externamente, la obra de teatro que se está representando en nuestro interior. Muchas de las lecciones que aprendemos en el transcurso de nuestra vida son los reflejos de otras personas, o bien lo que ellas nos enseñan sobre nosotros mismos.

La lección más importante, la enseñanza "suprema", consiste en llegar a conocer, amar y aceptar cada uno de los aspectos de nuestra personalidad, puesto que no existe parte alguna en nosotros que podamos considerar mala, todo lo que existe en el universo, desea ser amado y aceptado; y desde luego, si todavía hay en nosotros mismos aspectos que no son aceptados y valorados, nos perseguirán hasta que consigamos prestarles la debida atención. Para la mayoría de nosotros, es muy difícil aceptar que, por ejemplo, hay una parte de nosotros que se enfada; de hecho, esa parte de nosotros está verdaderamente enfadada porque nunca se la escucha ni se le ha dado la oportunidad de ser aceptada. Sin embargo, nos sentiríamos mucho más seguros y cómodos si buscáramos la manera apropiada de permitir que nuestra ira se expresara como una parte más de nuestra personalidad, con lo que ese ser "enfadado", poco a poco se sentiría comprendido, y nosotros experimentaríamos un alivio enorme al aceptar una parte de nosotros, ya que cada aspecto de nuestra personalidad es por sí solo tremendamente importante, cada uno de ellos tiene algo que ofrecernos, así pues, no deberíamos esconder ni acallar ninguna parte de nuestra personalidad, sino enriquecernos con lo que cada una pueda aportar en nuestra vida.

Una de las partes más importantes de nuestro carácter, como hemos dicho antes, es el niño que llevamos dentro, ese niño que siempre ha estado ahí o, para ser más exactos, los niños que llevamos dentro, de todas las edades, desde la niñez hasta la adolescencia. Al igual que entre los niños, cada uno tiene su personalidad, del mismo modo, en nuestro interior vive el niño vulnerable, emocional. Por lo tanto, para ponernos en contacto con nuestras emociones, necesitamos conocer muy bien al niño vulnerable que llevamos dentro. También somos ese niño travieso, que sabe cómo divertirse, cómo pasárselo bien, al igual que los niños de forma natural saben jugar y están llenos de vida, sin otra preocupación que no sea la de estar siempre contentos y pasar un buen rato con lo que sea.

Hay en nosotros también el niño que cree en la magia, ésa parte de nosotros que está en sintonía con la magia del universo. Por desgracia, al hacernos mayores nos hemos olvidado de esa magia, que, cuando éramos pequeños, no dudábamos de su existencia y además estábamos constantemente en contacto con ella, de forma natural la comprendíamos y la podíamos ver a nuestro alrededor, en cada pequeño detalle, en las plantas o en los animales, o incluso en el mundo de fantasía de nuestros pequeños duendes y hadas madrinas o de cualquier forma que quisiera manifestarse en nuestra vida.

No nos podemos olvidar del niño sabio de nuestro interior.

Es esa parte de nosotros que funciona instintivamente, que siempre es verdad, que ve y conoce todo cuanto estamos sintiendo y que percibe todo lo que está sucediendo a su alrededor, que tiene el poder de abrirse camino a través de toda la superficialidad y falta de integridad del mundo de los adultos y, además, posee la capacidad de llegar siempre a la verdadera esencia de cualquier situación.

Una buena forma de empezar a ponernos en contacto, o de ser conscientes del niño que llevamos dentro, sería observar la forma de actuar de los niños, porque ellos son, en realidad, el reflejo del niño que todos llevamos dentro. Estoy segura de que todos habremos tenido la experiencia de mirar a los ojos de un niño, y sentir una profunda conexión con él; o bien, ver a un niño jugando y sentir ganas de jugar, o escuchar una respuesta de un niño y darte cuenta de que está tan cargada de sabiduría, que algo en tu interior se ha conmovido profundamente, dándote cuenta de que, en cierta forma, ese niño sabe más de la vida que tú mismo, y en realidad lo que ha sucedido es que ese niño es el reflejo de la sabiduría del niño de nuestro interior.

Por lo tanto, el niño que llevamos dentro es una parte de nosotros, con la que nos deberíamos poner en contacto, puesto que, como seres espirituales que somos, hemos venido a este mundo con un cuerpo físico primero en forma de niño, así pues, ese niño es la parte de nosotros más cercana a la esencia espiritual; cuando un niño nace, casi podríamos decir que su esencia es puramente espiritual, porque hasta ese momento apenas si ha tenido contacto o ha experimentado el mundo exterior, esa pureza es la razón por la cual a todos nos atraen los bebés, ya que en ellos vemos el reflejo de nuestra esencia más profunda, hermosa e inocente, que aún no ha sido enterrada o escondida. Al ponernos en contacto con el niño espiritual de nuestro interior, lo hacemos con nuestra esencia espiritual más pura y profunda y cultivando esa relación con el niño de nuestro interior, automáticamente nos unimos a nuestra esencia profundamente, haciendo posible que nuestro ser espiritual pueda manifestarse en nuestra vida.

Otra razón por la cual es importante alimentar esta conexión, es porque ese niño es la fuente de nuestra creatividad; todos sabemos lo creativos que son los niños, siempre y cuando no se les haya inhibido esa facultad. Los niños tienen una infinita capacidad creativa, con total facilidad juegan a juegos en donde la imaginación es su único método, son capaces de ser bomberos, amas de casa, o médicos de un segundo a otro. Se meten en la piel de cada uno de sus personajes imaginarios, dejándose llevar por su infinita creatividad. Si se ponen a dibujar o a pintar, sucede exactamente igual, están dotados de una especial sensibilidad. Todos hemos visto cómo siempre están canturreando alguna canción, inventándose notas o letras, o bien bailando, moviéndose con perfecta armonía y ritmo. Definitivamente son seres mágicamente creativos. Pero todos nosotros somos así, todos poseemos esa esencia mágica y creativa en nuestro niño interior, sólo que al alcanzar la edad adulta hemos suprimido esa parte de nosotros mismos, la hemos inhibido, la hemos tapado. Si somos capaces de reconocerla podríamos darle rienda suelta a toda nuestra creatividad y enriquecernos con ella. La clave para llegar a esa creatividad es estar deseosos de intentar hacer cosas nuevas, de arriesgarnos y ver qué pasa. El niño de nuestro interior nunca tiene miedo de intentar retos nuevos; cuando un niño dibuja, no le importa en absoluto la opinión que pudiera tener un crítico de arte con su "obra" pictórica; lo hacen sólo porque les apetece, porque encuentran un gran placer haciéndolo. Y así es cómo podríamos liberar nuestra energía creativa, sintiendo la esencia de ese niño en nuestro interior que está deseoso de intentar nuevas metas sólo porque le producen dicha y diversión, porque está entusiasmado por todo lo nuevo y distinto que pasa en su vida. Mi experiencia personal es que a medida que me voy acercando a esa parte de mí, se abre todo un abanico de posibilidades creativas en todas la áreas de mi vida que me proporcionan una inmensa alegría y compensaciones de todo tipo.

En nuestras relaciones íntimas ese niño que llevamos dentro nos puede brindar una muy valiosa ayuda, puesto que es esa parte de nuestra personalidad que siente las emociones más profundas, que ama de verdad, y que al mismo tiempo es la parte más vulnerable, aquélla que puede ser herida con más facilidad, pero para llegar a intimar con una persona, necesitamos conocer esa parte nuestra vulnerable, amorosa, e incluso, capacitada para sentirse herida en sus inocentes sentimientos. Si aprendemos a estar en contacto con ese niño sensible y lo protegemos, cuidamos y le permitimos que se exprese a su manera, podremos mantener relaciones íntimas basadas en el amor y la satisfacción mutuas. Será muy fácil identificar a aquellas personas que no se han separado de su niño interior, puesto que siempre es agradable estar con ellas, nos llegan siempre al corazón, como lo hacen todos los niños. Sin embargo, desde pequeños se nos ha enseñado a suprimir o enterrar esa parte vulnerable, ya que desde temprana edad, descubrimos que este mundo no es un lugar muy seguro en el que vivir, así que empezamos a construir defensas y protecciones para ese niño; de hecho, la mayor parte de nuestra estructura de personalidad es una armadura, creada para cuidar de esa esencia interior sensible. Con el tiempo, esas paredes defensivas se van haciendo más y más gruesas, y creamos distintos mecanismos de defensa para sobrevivir en un mundo que no está diseñado para que se exprese el niño inocente que llevamos dentro.

La realidad es que con el paso del tiempo, ese niño que intentamos proteger queda completamente encerrado en nuestro interior, y finalmente nos olvidamos de su existencia, sobreviviendo gracias a esos mecanismos de defensa que en realidad fueron creados para prestar atención y satisfacer las necesidades de nuestro ser interior; pero, el niño que llevamos dentro está sufriendo porque no le estamos dejando que se realice y, sin embargo, afortunadamente sigue ahí, en lo más profundo de nuestro ser, sin hacerse jamás adulto, vivo, y sin abandonarnos durante toda nuestra vida.

Inconscientemente tratamos de satisfacer sus necesidades, porque el niño que llevamos dentro nos motiva a hacerlo, y entonces quizás desarrollemos en nuestro subconsciente una personalidad obsesivamente adicta al trabajo, porque con ello, trata de ganar suficiente dinero para mantener a salvo y seguro al niño de dentro, pero con el tiempo, nos olvidamos de esa primordial razón por la cual lo hacíamos y acabamos convirtiendo toda nuestra vida en puro trabajo. Puede que con ello acumulemos riquezas y éxitos, pero nada de todo eso satisface nuestras necesidades primarias. A veces incluso, ese niño, sabotea nuestros intentos de triunfo porque secretamente hay algo en nosotros que sabe que todo aquello por lo que luchamos denodadamente no va a traernos ningún tipo de satisfacción interior, de ahí derivan muchos de los bloqueos mentales a los que, a menudo, nos hemos de enfrentar en nuestra vida cuando perseguimos el éxito, porque el niño de nuestro interior no cesará en su empeño de detener esa carrera hacia el triunfo material, a menos que nos paremos en seco y empecemos a alimentar, amar, jugar o cuidar de nuestro niño interior. Así pues, nuestro principal desafío podría ser contactar con ese niño, descubrir cuáles son sus verdaderas necesidades y empezar a cuidar conscientemente de él. Sus necesidades no son otras que el amor tanto físico como emocional, el disfrute personal, y el poder expresarse creativa y sinceramente; cuando empecemos a encontrar los medios para llevar ésto a cabo, sentiremos que toda nuestra personalidad experimenta un equilibrio y una sensación de plenitud y contento. Existen muchas formas de conectar con el niño de nuestro interior: jugando, bailando, cantando, pintando, dibujando, estando en contacto con la naturaleza o frecuentando la compañía de niños y permitiéndonos el expresarnos como tales, incluso comprándonos algún juguete, o una mascota, o algún animal doméstico, puesto que el niño de nuestro interior puede salir hacia fuera muy fácilmente con los animales porque a todos los niños les encanta jugar con ellos. Algo que ha ayudado a muchas personas ha sido la meditación del siguiente capítulo.

MEDITACION:
Contacte con el niño que llevamos dentro

Antes de comenzar esta meditación, asegúrese de crear un ambiente lo más apropiado posible para la seguridad y comodidad del niño de su interior. Encuentre un lugar agradable y que sea privado. Puede rodearse de elementos como su manta preferida o algunos peluches o lo que se le ocurra para darle la bienvenida; quizá desee meditar al aire libre o en cualquier lugar especialmente confortable de su hogar. Hay algunas cosas que debe tener en mente a la hora de empezar esta meditación. Aunque quizás lleve mucho tiempo alejado de su interior, no olvide que el volver a ponerse en contacto con él no va a ser una tarea tan difícil como supone, puesto que ese niño le ha estado esperando y desea que se acerque a él; sin embargo, al igual que sucede con los niños "de fuera", necesitamos ganarnos su confianza y eso requiere por nuestra parte un poco de paciencia, hasta demostrarle que verdaderamente deseamos ese contacto y que estamos dispuestos a no fallarle.

Cuando realice por primera vez esta meditación, confíe en cualquier cosa que venga a usted, ocurra lo que ocurra; si el niño se muestra un poco reservado y dubitativo, déle el tiempo que necesite, porque si sigue meditando de forma regular notará cómo ese contacto se realiza cada vez con más naturalidad y menos reservas. Por ahora, no obstante, sencillamente acepte lo que esté sucediendo, sea si quiere un observador de la situación.

Puede suceder que el niño con quien se pone en contacto sea muy emotivo, o esté triste o se sienta herido, o quizás, por el contrario, sea un niño juguetón y travieso, que sólo desea jugar con usted, o quizás se encuentre con el niño inteligente o con el aspecto mágico de su niño interior, el que crea fantasías dentro de usted. Acepte lo que venga, porque ésa será la parte de su "yo" interno que está preparada para ser descubierta en este preciso instante. Con el tiempo, irá descubriendo nuevos aspectos del niño, confíe en su propia experiencia.

Póngase cómodo, sentado o tumbado, asegurándose que su espalda se mantiene en posición recta y relajada. Cierre los ojos... Respire profundamente, y a medida que vaya soltando el aire relaje todo su cuerpo... Vuelva a respirar y relaje más y más su cuerpo... Inspire profundamente una vez más y, al exhalar, imagine que su cuerpo está totalmente relajado...

Aspire profundamente y ahora al expulsar el aire, relaje su mente... Deje que los pensamientos fluyan con libertad, sin intentar aferrarse a ninguno de ellos... Deje que su mente se tranquilice y quede en silencio... Ahora, al respirar, concentre su atención en un lugar muy profundo, en calma, sereno de su interior...

Piense que está caminando por ese hermoso sendero que le conduce a su santuario interior... A medida que baja por él, se va sintiendo más y más relajado, centrado y cómodo. Entre en su santuario y sienta la belleza de la naturaleza que le rodea...

Durante algún tiempo intente recordar algunos de los detalles de este lugar especial para usted... Capte todo aquello que le rodea, las plantas y animales, sienta el sol, y la brisa, y allá a lo lejos en la distancia, vea cómo se va acercando la figura de un niño pequeño... Al acercarse a él perciba si es un niño o una niña, qué edad tiene, y qué está haciendo...

Poco a poco, vaya acercándose a él, y fíjese cómo va vestido... Perciba cómo se siente el niño... Haga su aproximación en la forma en que le guíe su intuición...

Pregúntele si hay algo que él desee comunicarle, ya sea en palabras, o de cualquier otra forma. Reciba abiertamente lo que el niño desee expresar en ese momento...

Ahora pregúntele qué es lo que más necesita de usted, justo ahora o en su vida en general... Escúchele con atención...

Pase algún tiempo con él... Deje que el niño le guíe a su manera, en ese contacto, ya sea jugando juntos o sentándose a su lado o cogido de su mano...

El niño tiene un regalo muy especial para usted... Recíbalo, sea cual sea...

Siga con él... Hágale saber de alguna forma que desea permanecer en contacto con él, tanto como le sea posible, a partir de ahora...

Dé por finalizada la comunicación, por ahora, de la forma que a ambos les parezca mejor. Usted y el niño juntos van a tomar una decisión, que será su elección de que él permanezca en el santuario, en un lugar seguro y profundo de su interior, donde usted irá a visitarle cada vez que lo desee, o bien elegirán el que él le acompañe cuando usted salga de su santuario. El niño de su interior sabe perfectamente lo que es mejor por ahora, y siempre podrá cambiar de parecer en el futuro.

Si el niño se va a quedar en el santuario, despídase por ahora de él... Hágale saber que volverá con él, siempre que pueda, y que desea saber cómo se siente en estos momentos y si necesita algo de usted en su vida...

Si el niño se va a ir con usted, llévelo en brazos o de la mano y empiece a caminar sendero arriba, saliendo de su santuario. En su caminar, siéntase a sí mismo, lleno de vitalidad, energía, equilibrado y centrado...

Cuando se sienta preparado, sienta su cuerpo en la habitación en la que se encuentra, y poco a poco vuelva a la realidad, abriendo los ojos y viendo todo lo que le rodea...

Ahora que ya se ha puesto en contacto con el niño que mora en su interior, es importante que no deje de hacerlo con frecuencia y comprométase a ser consciente de su presencia de forma regular en su vida. Siéntase como el padre o la madre de su propio niño interior; es importante que intente ser un padre responsable, consciente y amoroso con su hijo. Esta experiencia puede ser un motivo de disfrute para ambos, pero requiere de su parte responsabilidad y consciencia; y eso sólo significa que necesita empezar a hacerle un espacio en su vida, cada vez que necesite en momentos adecuados ponerse en contacto con el niño de dentro.

Si usted desconoce, o no está completamente seguro de cómo cuidarle mejor, o de cuáles son sus necesidades, simplemente, pregúntele a él, porque él sabe lo que quiere y cuáles son sus necesidades a cada momento, así pues, cultive el hábito de comunicarse con él, preguntándole qué necesita, y qué desea. Luego haga todo lo que esté en sus manos por satisfacer esas peticiones. No siempre podrá satisfacerlas cuando él lo desee, pero debería intentar incluirlas como parte de su vida, al igual que lo haría con un hijo real. Procure que sus necesidades sean cada vez más una prioridad en su vida, y a cambio recibirá enormes satisfacciones.

Empiece a pensar en cosas que podrían divertir o que pueden fortalecer al niño, e inclúyalas en su vida de forma regular. Cada día, o al menos cada dos días dedique algún tiempo, aunque sean unos minutos por la mañana o por la noche, para saber qué cosas le gustan, cómprese juguetes, paséese, monte en bici, dése un baño de burbujas, lea cuentos, es decir, cosas que alimentan, educan y enriquecen a su niño interior. Por supuesto, para un niño lo más importante es el amor y la intimidad, así pues, él mismo le ayudará a encontrar con otras personas, esos momentos de contacto, cercanía, amistad, y amor.

Es muy importante, sin embargo, que aprendamos a saber cuándo no es apropiado poner de manifiesto esa faceta de nuestra personalidad, en el transcurso de una reunión de negocios, o trabajando, probablemente no sea el momento más adecuado para que el niño que llevamos dentro se manifieste. Entonces le puede permitir al niño que se quede en casa, y juegue, simplemente dígale que usted tiene que ir a trabajar y que cuando vuelva a casa, jugará con él.

Aunque estas cosas al principio le pueden parecer una tontería, resultarán ser, con el tiempo, un motivo de equilibrio, armonía, disfrute y satisfacción en su vida.

EXPRESE SU CREATIVIDAD

EXPRESE SU CREATIVIDAD.

En mis seminarios, siempre oigo decir a muchas personas que no son creativas. No las creo, porque una y otra vez, después de trabajar con muchas personas distintas, después de traspasar todas las ideas limitadas y todos los bloqueos y miedos, me han demostrado que todos somos seres creativos; y la verdad, no sé qué más pruebas necesitamos de nuestra creatividad, cuando podemos mirar nuestras propias vidas y darnos cuenta de que a nivel metafísico, hemos creado algo que quizás no sea perfecto, eso es seguro, pero de cualquier forma nuestra vida es una manifestación poderosa de nuestra creatividad. Reconozcamos que nuestra vida es algo fantástico, que hemos acumulado una enorme cantidad de experiencias poderosas, interesantes e incluso sorprendentes a través de nuestra vida, y todas ellas son un reflejo de nuestra creatividad interior.

Creamos nuestra propia realidad a cada momento, seamos o no conscientes de ello; si no lo hacemos conscientemente, forma parte de nuestros hábitos y nuestras pautas de comportamiento. A medida que vayamos siendo más y más conscientes en nuestra vida, conseguiremos crear todo aquello que realmente deseemos. Personalmente opino que toda esa idea de que no somos creativos proviene, por regla general, del tipo de "programación" o condicionamiento que hemos recibido a temprana edad; alguien en alguna ocasión nos dijo que no éramos creativos y lo hemos creído, o quizás nos encontramos con personas excesivamente críticas, que desaprobaban sistemáticamente todo cuanto hacíamos o bien no encontramos en ellas suficiente ánimo y apoyo como para expresar nuestra creatividad natural, y todo ello, nos ha llevado a la conclusión de que no teníamos imaginación alguna.

Muchas personas tienden a equiparar la creatividad sólo con ciertos tipos de expresión, todos creemos que el arte, la música o la danza es algo creativo, por ejemplo, pero no pensamos en los mismos términos cuando nos referimos a dirigir un negocio o llevar una casa, o ser padres. Y sin embargo, si pensamos en ello, ¿qué puede ser más creativo que educar y criar a nuestros hijos?; eso es el supremo acto creativo; darle vida a otro ser y aprender a respaldarle para que pueda expresar todo el talento que lleva dentro, creo que es el reto más importante de nuestra vida.

Cocinar es creativo, muchas de las actividades de recreo que llevamos a cabo, e incluso las pequeñas cosas que hacemos a lo largo del día, están llenas de imaginación y talento, pero al ser cosas que hacemos con total naturalidad y fácilmente, nunca pensamos que puedan ser una expresión de la imaginación que poseemos.

Empiece pensando precisamente en todas esas pequeñas cosas que hace con total naturalidad, e intente encontrar su aspecto creativo, porque todas ellas son expresiones de su propio ser. Plantéese nuevos desafíos, haga cosas que nunca antes haya intentado. He podido observar que muchas personas tienen el concepto de que son demasiado mayores como para hacer cosas nuevas, especialmente cosas que impliquen utilizar la imaginación, piensan que si no lo hicieron cuando eran pequeños o jóvenes, ahora ya es demasiado tarde para ellos. Les animo a que pongan a prueba su fantasía, que piensen en todas aquellas cosas creativas que les apetecería hacer, compruebe si puede hacer algo por llevarlas a cabo, qué paso puede dar en dirección a hacer posible sus fantasías, incluso aunque le parezca algo inverosímil o demasiado rebuscado, nunca es demasiado tarde.

Todos sabemos que cada uno de nosotros somos en esencia "criaturas espirituales" que han venido en forma física. Esa forma física es nuestro primer acto de creación, un cuerpo que expresa su espíritu. Sé que a muchos de nosotros no nos gustan nuestros cuerpos, y que pensamos que no son el prototipo de la creación perfecta, pero, de hecho, nuestro cuerpo está en constante estado de cambio. Cuando cambiamos internamente, nuestros cuerpos, como expresión de nuestra esencia interna, sufren también un cambio. Así pues, a medida que vayamos conociendo, aceptando y expresando nuestro espíritu creativo, se irá construyendo el principal proyecto creativo que tenemos, nuestros cuerpos. Si tratamos de considerar el cuerpo como nuestra creación, veremos cómo a través de él, se expresa nuestro espíritu, empezaremos a darnos cuenta de que muchas veces impedimos esa manifestación y ello se refleja negativamente en nuestro físico. Si somos capaces de derribar esos muros de contención, seremos testigos de una enorme transformación en nuestros cuerpos. Como adultos, el principal impedimento a nuestra creatividad es la crítica interna; tenemos modelos de perfección, incorporados en nuestro interior desde fuera por el mundo que nos rodea, son esas cosas que creemos que deberían ser de una forma en concreto. Dentro de nosotros, hay un crítico en potencia que pone en tela de juicio todo aquello que tratamos de realizar y es precisamente esa capacidad de crítica la que nos impide, la mayoría de las veces, aceptar nuevos desafíos en la vida, cuando tratamos de expresarnos creativamente. Pero todos sabemos que para crear algo es necesario experimentar, expresar algo, intentarlo, y para ello, tendremos que olvidarnos de ese sentido crítico que espera que nuestros intentos por expresarnos imaginativamente resulten una réplica perfecta y maravillosa de los modelos preconcebidos como obras de arte.

Es necesario que dejemos que nuestra imaginación fluya con total libertad, cometiendo fallos, equivocándonos, intentando una y otra vez expresar lo que llevamos dentro sin desanimarnos. Casi todas las personas que han alcanzado en su vida el éxito reconocen que tuvieron muchos fracasos, que lo intentaron muchas veces, y que muchas de las cosas que intentaron realizar no las pudieron llevar a cabo, no funcionaron, sin embargo, a pesar de la frustración que pudieron sentir en ese momento, siguieron adelante y consiguieron expresar lo que deseaban, pudieron hacerlo una realidad.

Lo que nos impide tener éxito en nuestros intentos de creatividad es esa vocecita interior que nos dice: "No eres listo", "No tienes talento", "No sabes cómo se hace esto", "No eres un especialista en esto otro", "No eres tan bueno haciendo esto como fulanito de tal", "No eres tan increíble como te crees", "Mira lo que acabas de hacer, no vale nada", "Esto es ridículo", "Eso es inadecuado". Todos en mayor o menor escala somos excesivamente autocríticos; los que afortunadamente logran dejar que su creatividad fluya libremente, han tenido que aprender a dejar a un lado su propio crítico y se han arriesgado a manifestar su energía de forma espontánea.

Enfrentarnos con la autocrítica es algo difícil, pero hay una solución muy sencilla. El primer paso es reconocer que existe, empezar a escuchar qué cosas nos dice, y descubrir de dónde viene esa voz crítica. Quizás para muchos de nosotros empezó cuando éramos pequeños y recibimos críticas por parte de nuestros padres, hermanos, profesores o cualquier persona de fuera, que nos decían: "Eres un niño malo", "Eso no está bien", "Eso no lo has hecho como te dije", y, poco a poco, hemos ido incorporando toda esa crítica a nuestra vida. Si somos capaces de identificarla y admitirla habremos empezado a liberarnos de esa creencia implícita en la autocrítica. Al principio, quizás no sea de mucha ayuda sencillamente acallar esa voz, porque es algo que lleva mucho tiempo con nosotros, y al no encontrar oposición alguna se ha hecho poderosa, pero la clave podría ser empezar a pensar qué razones tenemos para creer en ella, si son ciertas o no sus apreciaciones y, sobre todo, si es necesario que sigamos permitiéndole que dirija nuestra vida y que nos reprima continuamente cuando deseamos expresarnos.

Haciéndonos estas preguntas podremos llegar finalmente a un punto en que escuchemos sus críticas, y luego llevemos a cabo cualquier proyecto creativo que nos apetezca sin prestarle mayor atención a nuestro ser crítico y negativo. No es necesario que nos cerremos totalmente a ese sentido crítico, podemos tener en cuenta sus puntos de vista, pero decirnos a nosotros mismos que una vez escuchado tu punto de vista ahora yo voy a realizar esto, aunque no me salga perfecto, lo voy a hacer para divertirme, porque quiero intentar hacer algo nuevo y porque quiero sentirme como un niño, quiero jugar, experimentar retos y aprender durante el proceso. Si no me sale perfecto, muy bien, lo repetiré de nuevo hasta que me salga mejor, o me olvidaré de ello y me pondré a hacer otra cosa, no me importa.

En el proceso creativo hay mucho de juego, de lúdico, se requiere un sentido de aventura. Aprenda a ver las cosas desde una perspectiva mucho más simple, sin tanta seriedad, porque sino, no podremos aventurarnos a explorar nuevos mundos.

Otra forma de luchar con el sentido de la autocrítica sería ir anotando en un diario todas aquellas inhibiciones o conceptos que nos impiden llevar a cabo nuestros deseos de expresarnos de forma original, así podremos observar de forma objetiva qué clase de impedimentos tenemos que superar.

A continuación le sugiero que para empezar

a dejar fluir su imaginación, se ponga en contacto con aquello que le bloquea y trate de hacer caso omiso de ello; piense en algo que siempre ha deseado realizar como expresión de su creatividad, algo que nunca antes haya intentado o algo que pensaba que jamás podría realizar; por ejemplo, si no se considera un artista, intente pintar algo.

Para ello, reúna todo el material necesario: papel, lápices o cualquier instrumento que desee utilizar. Sintonice con esos sentimientos internos que le están frenando, que le están diciendo que usted no sabe dibujar o que no lo hará bien. Luego tome el trozo de papel y el lápiz o los colores y anote todas las voces autocríticas o todas las dudas o sentimientos que tenga dentro. Cosas como "Voy a estropear este papel porque no tengo ningún talento artístico", "No tengo ni idea de cómo empezar a dibujar esto", o "Esto va a tener un aspecto horrible y ridículo". Escriba todo lo que esté sintiendo en este momento.

Ahora permítale a su voz creativa que se exprese de la misma forma, anote todo cuanto le diga. Puede ser algo así como: "Bueno, no importa lo bien o mal que lo haga, simplemente quiero hacerlo porque va a ser muy divertido" o "Sólo quiero probar qué tal resultado dan estos colores sobre el papel", "Lo único que pretendo es experimentar, hacer algo nuevo". Mantenga este diálogo consigo mismo hasta que sienta que ha retirado suficiente resistencia de dentro y que ahora hay espacio suficiente para que usted pueda empezar con total libertad a dibujar.

No dude en mantener ese diálogo siempre que necesite crear un espacio en su interior que le permita disfrutar de todo cuanto intente realizar, sin importarle lo más mínimo el resultado final, ya que el propósito de fluir con su energía creativa no es otro que el de disfrutar, es el de poder sentirse como un canal por el que transcurre su fuerza inspiradora y creativa.

Liberar esa fuente de creatividad le reportará muchos placeres desconocidos hasta el momento, y si mantiene esa perspectiva, ese foco, en todo lo que hace cada día, empezará a desdramatizar esa necesidad que todos tenemos de hacer cosas a la perfección o productos con un resultado preciso y exacto, y empezará a sentir el mismo placer que sienten todos los niños a cada paso de su vida, actuando de forma completamente espontánea y totalmente conectados con esa energía que les permite hacer lo que sienten en cada momento.

Hay muchos adultos que tienen facilidad para desarrollar su imaginación en algunos campos pero son incapaces de hacerlo en otras áreas. Si usted es especialmente creativo en algún área de su vida, eso representa una gran ventaja, puesto que puede servirle de referencia al saber cómo se siente uno cuando deja fluir su creatividad. Piense, pues, qué cosas realiza en ese aspecto concreto de su vida, si es que sabe tocar algún instrumento musical o quizás sea en sus negocios; ¿qué le permite en esos casos ser creativo? ¿cómo consigue entonces quitarse de encima al "crítico"? ¿cómo puede confiar y expresarse a sí mismo?; piense en ello, y busque un método para poder ponerlo en práctica en otras áreas de su vida, cómo podría aplicarlo a algo nuevo o distinto para poder ser creativo en otras direcciones.

Uno de los aspectos más importantes en el camino de la creatividad es ponerse en contacto con nuestras fantasías, sueños y visiones. Muchas personas que vienen a mis seminarios me dicen que no tienen fantasías ni sueños, pero después de preguntarles un poco más profundamente, les demuestro que todos poseemos en algún lugar recóndito muchas ilusiones por cumplir, deseos insatisfechos, obras por realizar, pero la razón por la cual pensamos que no tenemos fantasías es porque nos hemos anulado a nosotros mismos, pensando que eran cosas sin importancia, locuras que ni siquiera merecen nuestra consideración; a veces, esas fantasías tienen lugar a nivel inconsciente y, por lo tanto, ni siquiera nos damos cuenta de que las tenemos.

Sin embargo, todos atesoramos en nuestro interior miles de proyectos que desearíamos realizar, todos tenemos muchas ideas de cosas que nos encantaría hacer si tuviéramos oportunidad. Así pues, vamos a darle una oportunidad a nuestra fantasía para que trabaje con plena libertad, ¡vamos a disfrutar de ella! ¿Qué haría usted si tuviera todo el dinero del mundo, qué le gustaría hacer, si pudiera llevar a cabo cualquier cosa que se le ocurriera, qué sería? ¿qué cosas le gustaría poder hacer si le dieran a elegir? Pregúntese a sí mismo qué cosas le acuden a su mente con facilidad, qué le divierte, o qué cosas vienen a usted de forma natural sin ni siquiera pensarlo: "¿cómo podría desarrollar esa imaginación?" "¿podría incluso ganarme la vida haciendo todas esas cosas que tanto me gustan, con las que disfruto y me divierto tanto?". Intente no ponerse límites, manténgase abierto a cualquier tipo de posibilidades que nunca antes se había permitido imaginar.

Algunas de sus fantasías, por supuesto, serán impracticables, pero he descubierto que la mayor parte de mis fantasías y sueños que se repiten con insistencia en mi vida, contienen una enorme carga de posibilidades de hacerse realidad. Nos muestran algo muy importante de nosotros mismos, nuestra parte creativa, cuáles son los propósitos de nuestra vida, por qué hemos venido a este mundo, qué hemos venido a hacer aquí, qué deseamos expresar a los demás. Dése la oportunidad de explorar y expresar esas fantasías, en su propia mente, escribiendo, dibujando, hablando con algún amigo, o visualizándolo y luego pregúntese qué pasos, aunque sean pequeños, puede dar para poder realizar esas fantasías, aunque no vea claro cómo podrá ponerlo en práctica, simplemente trate de imaginar qué pasos le podrían conducir en esa dirección y luego, arriésguese y hágalo. Vea qué sucede, si no funciona, está bien, inténtelo de otra forma, porque, probablemente, descubrirá todo un nuevo mundo creativo en su vida.

A medida que empiece a expresar nuevas formas de creatividad, no se ponga metas demasiado altas ni se desmoralice, empiece por cosas sencillas, diríjase primero hacia esas metas que le traigan a su vida diversión y que, de forma relativamente fácil y agradable, le hagan sentirse bien, y valore todo cuanto sea capaz de realizar, porque si sigue encaminándose en esa dirección, al final acabará estando exactamente en el lugar que desea estar. Por ejemplo, cuando termine de leer este capítulo, piense en alguna cosa que puede hacer en su vida, hoy o mañana, que podría ser una expresión de creatividad en una forma que nunca antes haya considerado. Podría ser, por ejemplo, el redecorar su habitación de forma que el ambiente le parezca más creativo. O podría, tal vez, ir a su armario y elegir alguna ropa con la que podría expresar una parte nueva y distinta de usted, o haga cualquier otro pequeño cambio en su vida.

Luego continúe buscando pequeñas formas de expresarse a sí mismo de forma más imaginativa y distinta. Diviértase haciéndolo, si siempre ha deseado tocar algún instrumento musical, o bailar, o aprender a navegar, apúntese a clases. Incluso aunque no piense tener el talento o la habilidad necesarios, inténtelo y vea qué sucede.

Todo se reduce a esto: puede seguir haciendo cosas del modo en que las ha hecho siempre, lo cual es más seguro y prudente, pero también un poco soso y aburrido, o puede intentar algo nuevo y distinto. Quizás aprenda cosas y quizás se divierta, así que, ¿por qué no elegir el divertirse?

MEDITACION:
Contacte con su creatividad

Esta meditación le va a ayudar a ponerse en contacto con su creatividad. Mantenga abierta su imaginación, y confíe en todo aquello que acuda a usted, ¡disfrute!

Encuentre un lugar cómodo para sentarse o tumbarse. Cierre los ojos. Relájese... Inspire profundamente y, al exhalar el aire, relaje su cuerpo... Vuelva a respirar y, al expulsar el aire, relaje su cuerpo un poco más... Otra respiración más, y ahora al exhalar, relaje su cuerpo por completo... Sienta la energía fluyendo por su cuerpo mientras respira...

Al inhalar, piense que está respirando la fuerza de la vida. Imagine que va introduciéndose en cada célula de su cuerpo... Al exhalar, suelte todas sus viejas limitaciones, miedos y dudas que ya no necesita. Cada vez que exhale, libérese de lo viejo y haga sitio para lo nuevo... Inspirando está dejando entrar energía fresca y creativa...

Vuelva a respirar profundamente, y al expulsar el aire, relaje su mente... Piense que todas sus viejas y limitadas ideas acerca de usted están alejándose poco a poco, que todos los condicionamientos y toda la programación de quién es usted o quién no es, de lo que puede o no hacer, se están disolviendo y alejando. Usted es un ser ilimitado, y ahora se está abriendo a nuevas ideas, nuevos sentimientos, y nuevas aspiraciones...

Vuelva a respirar profundamente y concéntrese ahora al exhalar en un lugar muy profundo dentro de sí mismo... A cada respiración imagínese yendo más y más profundo, hasta llegar a un lugar tranquilo en su interior, donde puede descansar...

Ahora piense que va caminando sendero abajo hacia su santuario interior... En su camino, se está sintiendo muy abierto y vivo, casi como una persona nueva, preparada para tener nuevas experiencias y nuevas aventuras, y para descubrir algo nuevo de usted mismo...

Entre en su santuario y tómese un tiempo para experimentar el estar ahí... Aprecie lo que hay en él, qué aspecto tiene, cómo se siente usted en él. Quizá note que hoy hay algo distinto, o tal vez está como siempre... Sienta la paz y la seguridad de estar en su santuario... Encuentre un lugar para sentarse y estar cómodo...

Hoy vamos a invitar a su ser creativo, la parte más creativa de usted, a que pase a su santuario; empiece a dirigir su mirada hacia la entrada del santuario y perciba o visualice a su ser creativo que viene bajando por el sendero... Esta parte de usted es su parte artística, imaginativa, quizás haya estado en contacto con ella anteriormente, o tal vez, nunca antes la había sentido o experimentado. Intente con-

fiar en todo aquello que le inspire su imaginación...

Cuando ese ser creativo entre en el santuario, tome conciencia de quién es, qué aspecto tiene... ¿Es una persona, hombre o mujer, un animal, un color, una forma, o cualquier otra cosa que viene a su mente?... Fíjese en los detalles, permanezca abierto a su apariencia física, sea cual sea la que tome...

Ahora se acerca a usted y se produce el contacto... Sienta la energía de este ser... Pregúntele qué mensaje tiene para usted o qué desea comunicarle, de palabra o por cualquier otro medio... Pregúntele qué es lo que más desea hacer, cómo desea expresarse en su vida... O tal vez cómo se está expresando ya, en su vida... Quizás desee justo ahora hacer algo junto a usted, si es así, adelante, háganlo y permanezcan juntos todo el tiempo que deseen...

Su ser creativo debe llevarle a alguna parte, déjese guiar por él, dándose una vuelta por el santuario, por una zona de él que usted nunca había visto antes... En este nuevo emplazamiento hay una hermosa piscina de aguas cristalinas y templadas. Su ser creativo le hace saber que ésta es la piscina de su propia energía creativa. Despréndase de la ropa y poco a poco sumérjase en la piscina y flote sobre el agua templada...

Mientras flota en la piscina, mire hacia arriba y observe cómo en el cielo se va haciendo gradualmente de noche, con brillantes estrellas... Una de ellas es especialmente brillante, y usted sabe que es su estrella especial... La estrella tiene algo que decirle con res-

pecto al propósito de su vida en estos momentos; escúchela...

Cuando se sienta preparado para emerger, salga de la piscina... Sus ropas han desaparecido y su ser creativo le ha traído ropas nuevas que son muy especiales y mágicas. El ser creativo le ayudará a vestirse... Se siente maravillosamente bien con esas ropas, puesto que ellas son una expresión de la esencia que usted es... Siéntase libre para moverse de un lado a otro, y perciba qué tal se siente su cuerpo con esas ropas... Si se siente bien, podría incluso bailar con su ser creativo en una danza que sea una expresión de cómo se siente...

Cuando sientan ambos que dan por finalizada esta experiencia, vuelvan a ése lugar que les es familiar en su santuario... Pregúntele si hay algunos pasos más que deba usted tomar en su vida actual... Luego pregúntele si hay algo más que desee él expresarle...

Si usted desea quedarse en el santuario con su ser creativo, puede continuar allí, tanto como desee... Si quiere marcharse camine junto a su ser creativo por el sendero, hasta salir del santuario... Mientras camina, sienta a su lado a ese ser, como formando parte de usted, una parte que siempre podrá invocar cada vez que lo desee...

Vuelva a tomar conciencia de su cuerpo, de su presencia en la habitación... Cuando se sienta preparado, abra los ojos y vuelva a la realidad de la habitación...

Si lo desea, coja algunas pinturas, o lápices de colores, o acuarelas y pinte a su ser creativo y/o a su santuario interior. No se preocupe de lo perfecto que salga. Deje que su niño interior lo dibuje. Cuélguelo en la pared o en su cuaderno de notas, para que le ayude a recordar y expresar la creatividad que lleva dentro.

INDICE

—Introducción 7

—Contacte con su guía interno 13
    Med.: descubra su santuario interno 16
    Med.: contacte con el ser sabio
    de su interior 23

—El hombre y la mujer que llevamos dentro 31
    Med.: contacte con el hombre
    y la mujer de nuestro interior 45

—Descubra el niño que llevamos dentro 53
    Med.: contacte con el niño que
    llevamos dentro 65

—Exprese su creatividad 73
    Med.: contacte con su creatividad 86